きみも言ったことがあるかも？

ちくちくことば・ふわふわことば
言いかえじてん
2
相手とちがう考えや反対意見を言いたいとき

[監修] 鈴木教夫
[文] 秋山浩子　[イラスト] イケガメシノ

汐文社

はじめに

言われると悲しくなったり、きずついたりする「ちくちくことば」。
言われるとうれしくなったり、元気が出たりする「ふわふわことば」。

相手とちがう考えや反対意見を言いたいとき、つい「ちくちくことば」で返していない？ 相手はどんな気持ちになるかな？ 自分が言われたらどう感じるかな？

伝えたいことや自分の気持ちが相手にうまくとどくように、おたがいが気持ちよく話し合えるように、そんな「ちくちくことば」を「ふわふわことば」に言いかえてみよう。やわらかな空気が広がるよ。

この本には、いろいろな言いかえ例が出てくるよ。
みんなならどう言う？ いっしょに考えてみてね。

みんなのことを、いつもどこかで見ているよ。
ときどき変身して、アドバイスを送るよ！

もくじ

はじめに──02

さそいをことわりたい

- ケース1 予定があって行けないとき──04
- ケース2 ほかにやることがあるとき──08
- ケース3 ひとりで楽しみたいとき──09
- メッセージ　理由をていねいに伝えよう──10
- ○いろいろな言いかえ例──11

それって、いいと思えない

- ケース1 よさがわからないとき──12
- ケース2 さんせいできないとき──16
- ケース3 好みが合わないとき──17
- メッセージ　おたがいの「好き」を大事にしよう──18
- ○いろいろな言いかえ例──19

それ、ちがうって伝えたい

- ケース1 まちがいを教えたいとき──20
- ケース2 思いちがいをされたとき──24
- ケース3 目標が高すぎるとき──25
- メッセージ　まちがいは、いっしょにたしかめよう──26
- ○いろいろな言いかえ例──27

ワークシート
みんなで考えよう。どう言えばいいのかな？──28
○この本に出てくる言いかえ例──30

さそいを ことわりたい

ケース1 | 予定があって行けないとき

「学校から帰ったらカバ公園に集合ね。ぜったい来てよね」って言われたけど、今日は歯医者の予定があるから行けない。

☀ 言った人	💧 言われた人

遊びたいけど行けないときもある。ぜったい来てって言われてもムリ。都合を聞いてほしかったな

ムリならいいよ！　いっしょに遊びたかったのにイヤなのかな。もうさそうのやめたほうがいいのかな

まわりの人

なんだ、遊べないのか。来られる人だけで遊べばいいじゃん

せっかくさそってあげてるのに、あの言い方ひどくない？

来られないのは残念だな。また遊べるときもあるよね

用事があるなら、ちゃんと言ってくれればいいのにな

アドバイス

ことわる理由をきちんと説明しよう。さそった人は、自分と遊びたくないのかと思うかもしれないよ。今日はダメでも、ほかの遊べる日を伝えると次の約束ができるね。

ふわふわことばに言いかえてみよう

ごめんね。
今日は歯医者なの。
あしたなら遊べるよ

それじゃあしたにしようか

ほかの言いかえ例

○ ありがとう。でもこれから歯医者なんだ。別の日でもいい？　○ さそってくれてうれしいけど、今日は歯医者。あしたはどう？

さそいをことわりたい

※ できないよ

ケース2　ほかにやることがあるとき

昼休み、「いっしょに一輪車の練習しよう」ってさそわれたけど、今日は図書室に行くつもりだからことわった。

※ 言った人

昼休みに図書室で調べたいことがあるから、一輪車の練習はできないって言ったよ

一輪車、できないの？　それともいっしょに練習したくないってこと？　感じ悪いな

言われた人

ふわふわことばに言いかえてみよう

 ありがとう。今日は図書室に行くから練習できないな。またさそって

▶ わかった。今度またいっしょに練習しよう

アドバイス

「できない」という短いことばだけでは、自分の伝えたいことが相手にきちんと伝わらないかも。さそってくれた人に、ていねいに説明しよう。

08

さそいをことわりたい

> ほっといてよ！

ケース3 | ひとりで楽しみたいとき

気に入っている動画を見ていたら、「別の動画をいっしょに見よう」って何度も言ってくる人がいる。

言った人
好きなものをひとりで見たかったのに。しつこくてイラッとした

おもしろいから、いっしょに見て笑いたかったのに。おこったの？

言われた人

ふわふわことばに言いかえてみよう

 ごめんね、今はひとりでこれを見たいんだ ▶ そうなんだね。じゃあ、また今度いっしょに見てね

アドバイス

いっしょに楽しみたいという相手の気持ちもわかってあげたいね。受け入れられないときは、「ごめんね」と言って理由を伝えよう。

09

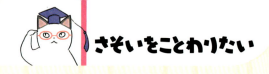

さそいをことわりたい

メッセージ
理由をていねいに伝えよう

さそってくれたのはうれしい。でも、都合が悪かったり、やりたいことがあったり、ひとりでいたかったり、いろいろな事情でことわりたいときもあるよね。

ことわるのは悪いことではないよ。それを短いことばで伝えてしまうと、相手にはちくちくことばに聞こえるかも！さそってくれた人の気持ちを考えて、ことわる理由をはっきりと、ていねいに説明しよう。

ふわふわことばでじょうずにことわれば、またいっしょに遊べるし、ずっと仲よしでいられるよ。

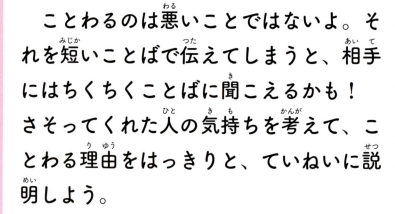

いろいろな言いかえ例

3つのケース、ほかにどんな言いかえができるかな？
みんなも考えてみてね

ケース1

ちくちくことば
- 行けないよ
- 遊べない

ふわふわことば
- 遊びたいけど、今日は用事があるんだ
- 歯医者だから遊べなくてごめん。〇曜は？

ケース2

ちくちくことば
- やらない
- 練習はいいや

ふわふわことば
- 今日はやることあるから、あした練習するよ
- ごめん、これから図書室に行くんだ

ケース3

ちくちくことば
- うるさいな、あっち行ってよ
- さっきからしつこいよ

ふわふわことば
- これ見終わったら、そっちをいっしょに見るよ
- おもしろそうだね。あとで見せて

ふわふわことばで話すと、安心できるよ！

それって、いいと思えない

💥 これ、どこがいいの？

ケース1 よさがわからないとき

クラスのみんなが、同じ曲をずっとおどりながら歌っている。この曲は人気があるけど苦手。ついていけない。

☀ 言った人　　💧 言われた人

自分は苦手だけど、みんな好きみたいだから、いいと思うところを聞いてみたかったんだ

え？　みんなで楽しくおどってるのに、この曲よくないってこと？　なんでそんなふうに言うかな

まわりの人

ノリが悪いなぁ。いっしょにおどってみればいいのに

好きなものにダメ出しされてるみたいで、イヤな気分

大好きな曲だから、どこがいいか教えてあげるよ

どこがいいって……。はやってるんだからいい曲なんだよ

アドバイス

質問や感想を言うときは、相手がどう受け止めるか考えて「好きなところはどこ？」「ぼくは○○が好き。だって○○だから」など、自分の好みや理由をていねいに伝えてみよう。

それって、いいと思えない

そんなのつまらない

ケース2｜さんせいできないとき

体験教室に行くときのバスレクの話し合いをしていたら、「しりとりがいい」って言う人がいる。しりとりは地味すぎる。

言った人

せっかくだから、バスレクももり上がるものがいいでしょ。しりとりはダメだと思う

食べ物しりとりとか人物しりとりとか、おもしろいのに。つまらないって言うの？

言われた人

ふわふわことばに言いかえてみよう

いつもよくやっているね。今回は何か変えてみない？ ▶ 食べ物しりとりとか、ルールを決めると楽しいよ

アドバイス

自分の考えだけですぐにつまらないと決めつけないで、相手の話を落ちついてよく聞いてみよう。いいアイデアが出てくるかもしれないよ。

それって、いいと思えない

え？
全然かわいくないよ

ケース3 | 好みが合わないとき

散歩している犬を見て、友だちがハイテンションで「あの犬、かわいいよね」と言ってきた。自分はそう思えない。

かわいい？　よくわからない。自分の気持ちを正直に言っちゃダメなの？

好きな犬がいてうれしかったんだけど、ビミョーな返事でいやだったな

言った人 / **言われた人**

ふわふわことばに言いかえてみよう

 ああいう犬が好きなんだね ▶ そうなの。好みをわかってくれてうれしいな

アドバイス

好ききらいは人それぞれ。相手の「自分の好きなものを知ってもらいたい」という気持ちを受け止めて、言い方を考えてみよう。

メッセージ
おたがいの「好き」を大事にしよう

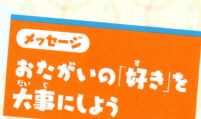

　相手の好きなものやいいと思うものが自分とちがっていると、モヤッとすることがあるよね。何がいいのか、どこが好きなのか、わからなくてこまったり、どうしても納得できなかったり。

　自分の好きなものを、相手も好きだとは限らない。相手の「好き」を受け入れず、自分の考えだけを伝えようとすると、ちくちくことばになっているかも。

　自分の「好き」をおしつけたり、無理に相手に合わせたりせずに、おたがいの「好き」を大事にして、ふわふわことばで話し合ってみよう。

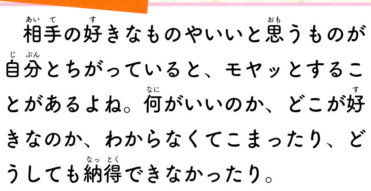
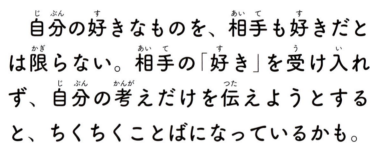

いろいろな言いかえ例

3つのケース、ほかにどんな言いかえができるかな？
みんなも考えてみてね

ケース 1

ちくちくことば
- そんなに楽しい？
- みんなこんな曲が好きなの？

▼

ふわふわことば
- 楽しそうだね。人気のヒミツは何かな？
- ねえ、この曲のいいところを教えて！

ケース 2

ちくちくことば
- それはないでしょ
- ダメに決まってる

▼

ふわふわことば
- どうしたらもり上がるかな？
- おもしろくなるアイデアある？

ケース 3

ちくちくことば
- そうかなぁ？　そうは思えないけど
- あれがかわいいって、わからないな

▼

ふわふわことば
- うれしそうだね！
- 好きな犬に会えてよかったね

ふわふわことばで伝えると、みんな笑顔になる！

それ、ちがうって伝えたい

ケース1 | まちがいを教えたいとき

好きなアーティストの話をしているのに、イチオシのグループ名をまちがって言う人がいる。気になってしかたがない。

言った人

好きなグループの名前まちがえるなんて、信じられない。なんか失礼じゃない？

名前むずかしくて、まちがえておぼえちゃったみたい。みんなの前で言われてはずかしい

言われた人

まわりの人

うちのおかあさんも、まちがえてたよ。はずかしいよね〜

名前まちがえたくらいで、そんなにさわぐかなぁ？

まちがってるよって、あとでこっそり言えばいいのに

その場で言ってあげてよかったんじゃない？ おぼえてよね

アドバイス

まちがいやかんちがいはだれにでもある。みんなの前で言われたらどんな気持ちかな？ 相手が自分でまちがいに気づくような言い方にしてみよう。

ふわふわことばに言いかえてみよう

それ、もしかして $%&'#のこと?

そうなの？まちがえてたね

ほかの言いかえ例

- あれって、$%&'#っていうんじゃなかったっけ？
- $%&'#っていいよね〜。これ、名前合ってる？

23

それ、ちがうって伝えたい

✷ それってあなたの感想ですよね？

ケース2 ｜ 思いちがいをされたとき

調べ学習が楽しくて休み時間も続けていたら、友だちに「休み時間なのに遊べないの？　かわいそう」と言われた。

✷ 言った人

楽しいからやっているのに、かわいそうっておかしいでしょ。勝手なこと言わないで

いっしょに遊べると思ったのに、終わらなくてかわいそう。感想言ってはいけない？

💧 言われた人

ふわふわことばに言いかえてみよう

 そうかもね。
でもすごく楽しいんだ

▶

 遊ぶより楽しいの？
すごいなぁ

アドバイス

カチンとくることを言われると、言い返したい気持ちになるかもしれないよね。相手をよく見て、どうしてそう言ったのか、おたがいに考えてみよう。

それ、ちがうって伝えたい　　　💥 それはできないね

ケース3 ｜ 目標が高すぎるとき

大なわとびチャレンジで、やっと50回とべたところなのに、「500回とべるまでがんばろう！」って言う人がいる。

そんな回数はムリでしょ。苦手な人もいるんだから、プレッシャーかけないでよ

目標は高いほうがいいと思ったんだけど。できないって言ったらそこで終わりだよ

💥 言った人　　💧 言われた人

ふわふわことばに言いかえてみよう

 ずいぶん高い目標だね。どうすればできると思う？　▶　 むずかしいかもしれないけど、1回でも多くとぼう

アドバイス

できそうにないことをやろうって言われて、気持ちが引いてしまうこともあるよね。どんな思いで言ったのか、相手の話をくわしく聞いてみよう。

25

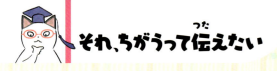
それ、ちがうって伝えたい

メッセージ
まちがいは、いっしょにたしかめよう

相手がまちがったことを言っていたり、かんちがいや思いこみをしていたりすることに気づいたら、それはちがうって教えてあげたくなるよね。

親切のつもりでも、みんなの前でまちがいだとキッパリ言ったり、バカにしたりする言い方は、相手をきずつけるちくちくことばだよ。

もし自分がまちがえていたらどう言ってほしいか、考えてみよう。

相手のまちがいや思いこみに気づいたら、ふわふわことばでいっしょにたしかめてみるといいかも！

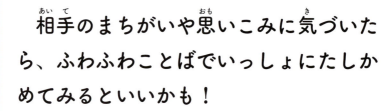

いろいろな言いかえ例

3つのケース、ほかにどんな言いかえができるかな？
みんなも考えてみてね

ケース 1

ちくちくことば
- ねえ、そんな名前のグループいないよ
- まちがえないでくれる？

▼

ふわふわことば
- あとで名前をいっしょにたしかめよう
- 名前、そうよんでたけどちがうみたい

ケース 2

ちくちくことば
- かわいそうって何だよ？
- 好きでやってますけど何か？

▼

ふわふわことば
- いっしょに遊べなくてごめんね
- だいじょうぶだよ。また遊ぼうね

ケース 3

ちくちくことば
- むちゃ言わないで！
- どういうつもりなの？

▼

ふわふわことば
- アツイ思いをもっと聞かせてよ
- みんなで相談して目標を決めようか

ふわふわことばを使うと、おだやかな気持ちになるよ！

ワークシート

＊このページはコピーして使えます

みんなで考えよう。どう言えばいいのかな？

相手の気持ち、自分の気持ち、まわりの人の気持ちをイメージして言いかえてみよう。

1 遊びにさそったら、ちくちくことばでことわられた。

外で竹馬やろうよ

やだ！

さそった人はどんな気持ちかな？

返事をした人は、どんな気持ちかな？

まわりの人は、どう思ったかな？
（どの人でもいいよ）

①の解答例

○ **さそった人の気持ち**………いっしょに遊びたいのにどうしてだろう／せっかくさそったのに気分が悪いな

○ **返事をした人の気持ち**……今はやる気がしない／みんなの気持ちを聞いてくれないのかな

○ **まわりの人の気持ち**………竹馬がイヤなのかな／けんかしているみたい／知らないふりをしよう

2 竹馬をやりたくないとき、どんな返事がいいかな？ ふわふわことばに言いかえてみよう。

外で竹馬やろうよ

さそった人はどんな気持ちかな？

返事をした人は、どんな気持ちかな？

まわりの人は、どう思ったかな？
（どの人でもいいよ）

2の解答例
- **返事の言いかえ例**………今日は別のことしない？／竹馬もいいけど、なわとびは？
- **さそった人の気持ち**………別の遊びもいいかも／いっしょに遊べるのはうれしい
- **返事をした人の気持ち**………竹馬以外でみんなと遊びたい／自分の意見を言ってみた
- **まわりの人の気持ち**………竹馬がいいな／自分も意見を言ってみよう／みんなと遊べるならなんでも

この本に出てくる言いかえ例

自分の考えや意見を言いたいとき、どう伝えたらいいのかな？
「ちくちくことば」「ふわふわことば」をヒントに、考えてみてね。

予定があって行けないとき　04

ちくちくことば
- ムリ！
- 行けないよ
- 遊べない

ふわふわことば
- ごめんね。今日は歯医者なの。あしたなら遊べるよ
- ありがとう。でもこれから歯医者なんだ。別の日でもいい？
- さそってくれてうれしいけど、今日は歯医者。あしたはどう？
- 遊びたいけど、今日は用事があるんだ
- 歯医者だから遊べなくてごめん。○曜は？

ほかにやることがあるとき　08

ちくちくことば
- できないよ
- やらない
- 練習はいいや

ふわふわことば
- ありがとう。今日は図書室に行くから練習できないな。またさそって
- 今日はやることあるから、あした練習するよ
- ごめん、これから図書室に行くんだ

ひとりで楽しみたいとき　09

ちくちくことば
- ほっといてよ！
- うるさいな、あっち行ってよ
- さっきからしつこいよ

ふわふわことば
- ごめんね、今はひとりでこれを見たいんだ
- これ見終わったら、そっちをいっしょに見るよ
- おもしろそうだね。あとで見せて

よさがわからないとき　12

ちくちくことば
- これ、どこがいいの？
- そんなに楽しい？
- みんなこんな曲が好きなの？

ふわふわことば
- この曲のどんなところが好き？
- 人気の曲だけど、実はよくわからないんだ。くわしく教えてよ
- みんなが好きになる理由はなんだろうね？
- 楽しそうだね。人気のヒミツは何かな？
- ねえ、この曲のいいところを教えて！

さんせいできないとき　16

ちくちくことば
- そんなのつまらない
- それはないでしょ

- ダメに決まってる

ふわふわことば

- いつもよくやっているね。今度は何か変えてみない？
- どうしたらもり上がるかな？
- おもしろくなるアイデアある？

好みが合わないとき 17

ちくちくことば

- え？ 全然かわいくないよ
- そうかなぁ？ そうは思えないけど
- あれがかわいいって、わからないな

ふわふわことば

- ああいう犬が好きなんだね
- うれしそうだね！
- 好きな犬に会えてよかったね

まちがいを教えたいとき 20

ちくちくことば

- 名前、まちがってるけど。ほんとに好きなの？
- ねえ、そんな名前のグループいないよ
- まちがえないでくれる？

ふわふわことば

- それ、もしかして○○○のこと？
- あれって、○○○っていうんじゃなかったっけ？
- ○○○っていいよね〜。これ、名前合ってる？
- あとで名前をいっしょにたしかめよう
- 名前、そうよんでたけどちがうみたい

思いちがいをされたとき 24

ちくちくことば

- それってあなたの感想ですよね？
- かわいそうって何だよ？
- 好きでやってますけど何か？

ふわふわことば

- そうかもね。でもすごく楽しいんだ
- いっしょに遊べなくてごめんね
- だいじょうぶだよ。また遊ぼうね

目標が高すぎるとき 25

ちくちくことば

- それはできないね
- むちゃ言わないで！
- どういうつもりなの？

ふわふわことば

- ずいぶん高い目標だね。どうすればできると思う？
- アツイ思いをもっと聞かせてよ
- みんなで相談して目標を決めようか

＊幅広く使えるよう、本文のことばを一部変更しています。

使ってはいけないちくちくことば

どりょくをみとめないことば

- へたくそ ● ダメだね ● だまれ ● つまんない

ミスやまちがえたことをせめることば

- そんなことも知らないの？ ● ふざけるな

生きてることをみとめないことば

- マジきもい ● クソ、死ね！ ● ウザい

不安にさせることば

- 近よるな ● へんなの ● うるせえ

顔や体のことをけなすことば

- 太ったね ● やせてるね ● くさい

[監修]
鈴木教夫●すずきのりお
兵庫教育大学大学院学校教育研究科修士課程修了。茨城県スクールカウンセラー。文教大学及び東京理科大学非常勤講師。一般社団法人日本学校教育相談学会監事。日本学校教育相談学会埼玉県支部理事長。一般社団法人日本スクールカウンセリング推進協議会企画委員兼研修委員。埼玉県ガイダンスカウンセラー会副会長「学校カウンセラー・スーパーバイザー」「上級教育カウンセラー」「ガイダンスカウンセラースーパーバイザー」。埼玉県内公立学校教員を経て現職。

[文]
秋山浩子
[デザイン]
小沼宏之[Gibbon]
[イラスト]
イケガメシノ

きみも言ったことがあるかも？
ちくちくことば・ふわふわことば
言いかえじてん
❷相手とちがう考えや反対意見を言いたいとき

2024年10月　初版第1刷発行

○監修
鈴木教夫
○発行者
三谷光
○発行所
株式会社汐文社
〒102-0071
東京都千代田区富士見1-6-1
TEL 03-6862-5200｜FAX 03-6862-5202
https://www.choubunsha.com
○印刷
新星社西川印刷株式会社
○製本
東京美術紙工協業組合
ISBN978-4-8113-3169-0

この本を手にされた保護者の方や先生方へ

　この本は、「自分も相手も大切にする自己表現」であるアサーションの考えをベースにしています。

　子どもたちの言葉は「ちくちくことば」になりがちです。「ちくちくことば」は、自分を危険から守るときには必要です。しかし、相手の気持ちを傷つけたり、まわりの人たちを不快な気持ちにさせたりしてしまいます。

　第2巻は「相手とちがう考えや反対意見を言いたいとき」をテーマにしました。子どもたちが日常生活で経験しそうな場面を想定し、「相手のことも考える」と「ふわふわことば」に言いかえられることを例示しています。また、言いかえを考えるときのアドバイスや相手のことを考える視点をメッセージとして示しています。

　自分が伝えたいことだけでなく、相手のことも考えることがよりよい表現につながります。自分も相手も大切にした「素敵な表現」（アサーティブな自己表現）にしていくコツを、お子さんと一緒に探してみましょう。

鈴木教夫